AF242644

LETTRE

A M. V.-B. HENRY

A PROPOS DU R. P. MUARD

PAR

UN ANCIEN CURÉ DU MORVAND

Arras. — Typ. Rousseau-Leroy.

LETTRE

A M. V.-B. HENRY

A PROPOS DU R. P. MUARD

PAR

UN ANCIEN CURÉ DU MORVAND

1868

Monsieur,

J'aime la paix, et la guerre, alors même qu'elle devient un devoir, m'est un fardeau pesant. Toutefois, cette paix que j'aime, je ne veux pas la conserver à tout prix, et cette guerre que je hais, je l'accepte, quand il s'agit de défendre les grands serviteurs de Dieu contre des détracteurs plaisants, lorsque même ces plaisants ont été du nombre de mes amis : *Amicus Plato, magis amica veritas.*

La nouvelle que Mgr l'Archevêque de Sens allait s'occuper activement de la béatification du R. P. Muard, a fait tressaillir les cœurs de tous les fidèles qui connurent le célèbre fondateur de Sainte-Marie de la Pierre-qui-Vire. Les diocèses de Sens surtout, de Nevers, de Dijon et d'Autun, ont poussé simultanément un cri d'allégresse qui devait provoquer quelques grimaces de la part des impies. Ces grimaces. nous les avons vues, et elles ne nous ont pas étonné. Depuis longtemps, nous le savons, l'enfer cherche à étouffer, par son ricanement, les chants de victoire de l'Église de Jésus-Christ.

Mais ce qui nous étonne, nous afflige et nous indigne, c'est que vous ayez eu le triste courage, Monsieur, non seulement de sympathiser avec l'impiété, mais encore de provoquer son ricanement à propos de la sainteté du R. P. Muard.

Dans une notice sur la commune de Saint-Leger-de-Fourcheret, où il est un peu question de toutes choses, après avoir parlé d'un certain Leprêtre avec un attendrissement qui dépasse le ridicule, vous vous permettez, sur le Père Muard, des assertions, évidemment malveillantes, que je veux relever en quelques lignes, en attendant que de plus autorisés que moi vous demandent une rétractation que vous ne refuserez pas, si vous êtes encore l'homme que j'ai connu.

Vous montrez, Monsieur, vers la fin de votre Notice, un savoir faire qui, n'était la forme, vous ferait beaucoup d'envieux parmi les fervents du *Siècle* et de l'*Opinion nationale*. Vous y excellez, en effet, à faire passer un saint pour un révolté contre sa Mère l'Église, à jeter le sarcasme sur l'une des institutions les plus respectables de notre époque, et à faire croire à vos lecteurs, heureusement peu nombreux, que tous les curés de Saint-Leger furent ou des idiots, ou des loups que l'on dut chasser de la bergerie.

Jalousie,
Calomnie,
Scandale.

Ce devrait être une lourde charge pour un homme qui, comme vous, se croit en droit de redresser tous les torts.

I

Il est des hommes, Monsieur, et malheureusement ils ne sont pas rares, qui ne veulent reconnaître d'autre bien que celui qu'ils réalisent par eux-mêmes : les opérations les plus heureuses, les actions les plus méritoires n'ont de valeur, à leurs yeux, qu'autant qu'ils en ont été les instigateurs, ou qu'ils en sont reconnus les agents indispensables. Disons-le cependant, à la décharge de ces égoïstes ridicules, s'ils remuent ciel et terre pour faire croire à leur puissante intervention, ils ont assez de bon sens pour ne pas éliminer complétement les véritables acteurs, et s'ils se font la part du lion, ils ne dénient pas à ceux qui leur font ombrage une coopération quelconque au bien que ceux-ci ont réalisé tout seuls. Vous n'avez pas cette pudeur, Monsieur, et non seulement vous grossissez outre mesure votre maigre personne, et vous vous donnez puérilement des gants de toutes couleurs, mais vous cherchez encore, avec une malignité qui s'affiche, à jeter le ridicule sur tous ceux qui ont contribué, d'une manière quelconque, à la fondation de Sainte-Marie de la Pierre-qui-Vire.

Il faut le dire, toutefois, si vous avez le *courage* d'attaquer sans pitié ceux qui ne sont plus, vous vous montrez, envers les vivants, les *gros* surtout, d'une aménité qui nous met en mémoire certaines bravades de feu Don Quichotte. Mais venons à quelques détails, et laissez-moi vous demander s'il est possible, tant que l'on possède encore sa raison, de pousser la vanité jusqu'à ce ridicule. Je

vous cite : « Le P. Jean-Baptiste Muard *nous* fit part, en
« *nous* recommandant le secret, de ses recherches d'un
« emplacement pour bâtir un monastère. » Et vous pensez
faire croire que vous étiez le seul à posséder sa confiance?
« *Nous* fîmes, avec les deux PP., des excursions dans les
« environs. Un jour, *nous* allâmes où se trouve aujourd'hui
« le monastère.... Le P. Muard fut *charmé* de la solitude
« des lieux et de la beauté du site.... » Est-il bien vrai
que ce furent la solitude et la beauté du site qui charmèrent
le Saint? Votre présence n'y était elle pas pour beaucoup?
Évidemment, vous faites ici de l'humilité de mauvais aloi,
et vous êtes persuadé que votre personne seule donnait au
désert tous les charmes, puisque ces mêmes charmes
goûtés par le même P. Muard en compagnie de M. le curé
de Saint-Germain-des-Champs, ne sont plus à votre dire
« qu'un épisode délayé à plaisir ».

Mais continuons à transcrire votre littérature et à raconter vos prouesses, deux choses que vous menez toujours de front et qui sont d'égale force : « Huit jours après,
« *nous* retournâmes visiter ces merveilles de la nature, et,
« dès lors, l'emplacement du monastère fut définitivement
« arrêté. » Et dès lors aussi, adieu les merveilles, puisque
M. le curé de Saint-Germain se trompe en croyant les y
retrouver !

« Il (le R. P. Muard) *nous* chargea de demander au comte
« César-Laurent de Chastellux la cession des terrains né-
« cessaires pour le monastère. » Eh ! qui donc en aurait-il
chargé ? N'étiez-vous pas le seul à posséder sa confiance ?
Et puis, il s'agissait de réussir ; c'est dans la réussite que
se trouvait le *sine qua non* de la fondation. Si le comte re-
fusait, il fallait chercher ailleurs d'autres merveilles que

l'on n'aurait trouvées que difficilement, et auxquelles vous auriez refusé peut-être les charmes de votre présence. La chose était donc grave. C'était une question de vie ou de mort. Le R. P. le comprit, et il employa l'homme seul capable d'aplanir toutes les difficultés. Se présenter lui-même devant le noble héritier d'une illustre famille, c'eût été folie de la part d'un religieux : le comte était d'un abord si difficile, et le P. Muard se présentait si mal ! Il y avait bien par là de vénérables prêtres, y compris l'Archevêque de Sens, qui auraient pu hazarder une demande. Mais n'auraient-ils pas été repoussés ? Or, une fois encore, un refus, c'était la mort. Soyez donc béni, Monsieur, d'avoir bien voulu laisser tomber sur le pauvre P. Muard un regard de compassion, et de vous être abaissé jusqu'à exprimer un désir au comte de Chastellux qui « accueillit avec empressement cette proposition ». Je le crois bien ! qui ne serait heureux et fier d'aller même au-devant des désirs de M. Henry !... Brave homme !

M. le comte de Chastellux et le P. Muard sont allés, l'un et l'autre, recevoir la récompense que méritaient leurs vertus, et, *vous le savez bien,* ils ne sortiront ni l'un ni l'autre de la tombe pour vous donner un démenti. Continuez donc, tout à votre aise, à faire la roue avec des plumes recueillies à droite et à gauche. Les vôtres étaient un peu courtes et commençaient à tourner à la couleur d'ardoise. Il est vrai que vous êtes assez illustre pour faire fi des couleurs et n'avoir que du mépris pour la forme.

Il est un autre oiseau qui, dit-on, aime à pondre dans les nids de ses voisins. J'avais pensé vous recommander ce volatile quand viendra le moment de renouveler votre blason, ce qui ne peut tarder beaucoup. Malheureusement, l'oiseau en question prend le nid du voisin du vivant de celui-ci, et en luttant contre le propriétaire légitime. Ce n'est pas là votre cas, Monsieur ; vous n'avez de bec et d'ongles que contre les morts. C'est peut-être un peu moins brave, mais, assurément, c'est plus sûr. Nous verrons sans doute d'autres nids où il vous a plu de vous glisser à la sourdine, le vôtre est si petit ! En attendant, si votre blason presse, je crois que vous ferez bien de vous en tenir à l'animal couleur d'ardoise. Vous trouverez, sans doute, un moyen quelconque d'en changer les plumes en celles du paon.

II

Vous comprendrez sans peine, Monsieur, que l'idée de prendre la plume contre vous ne me serait jamais venue à l'esprit, si votre Notice ne dénotait qu'un auteur vaniteux. Vos lecteurs sont édifiés sur ce point, et si vos prouesses provoquent la pitié de quelques-uns, elles excitent l'hilarité du plus grand nombre. Chacun, en effet, résume à peu près en ces termes, tout ce que vous avez écrit relativement à la Pierre-qui-Vire : « C'est à *moi*, à *moi seul*, que « l'on doit cette nouvelle institution ; sans *moi*, le P. « Muard n'aurait jamais connu le Morvand ; sans *moi*, on « n'aurait pas trouvé de site convenable ; sans *moi*, le « comte de Chastellux ne faisait pas la cession des ter-

« rains nécessaires ; c'est donc *moi*, et *moi seul,* qui suis
« le fondateur de Sainte-Marie de la Pierre-qui-Vire, et,
« pour que personne n'en ignore, je vais consigner le fait
« dans mes œuvres littéraires, afin qu'il passe, avec elles,
« jusqu'aux générations les plus reculées ». Comme vos
arrière-neveux seront fiers de leur grand-oncle ! N'est-il
pas vrai que tout cela prêterait à rire, si les fidèles n'é-
taient pas scandalisés ? *Aperi, Domine, os meum ad bene-
dicendum nomen* MEUM. Hélas ! hélas! il y a, dans votre
œuvre, autre chose que de la fatuité.

Suivons, si vous le voulez bien, Monsieur, votre narra-
tion, et, avant d'en venir aux calomnies, laissez-moi vous
demander si vous avez voulu paraître sérieux ou railleur
dans la note qui se trouve au bas de la page 52ᵉ. Votre
style habituel n'est pas toujours bien clair, mais il est ici
plus *entortillé* que partout ailleurs, et le lecteur se demande si vous avez voulu, oui ou non, faire passer le vé-
nérable fondateur de la Pierre-qui-Vire pour un *M. de
Crac* s'en allant de porte en porte raconter ses hauts faits,
ou bien encore pour un esprit faible et crédule qui voyait
des miracles là où il n'y avait qu'un effet du hasard. Voici
cette note :

« Il (le P. Muard) *racontait* qu'accompagnant le supé-
« rieur dans un voyage qu'il avait entrepris sans prendre
« d'argent, parce qu'il ne s'en trouvait pas à la commu-
« nauté, un monsieur qu'*il* (qui ? le supérieur ou le P.
« Muard ?) ne connaissait nullement , étend le bras dans
« la voiture, comme *il* (qui? le bras, le P. Muard, le su-
« périeur, le monsieur ?) traversait la ville d'Aix, et lui
« remet un billet de banque de cinq cents francs, *ce qu'ils*
« *regardèrent comme un miracle* ».

Une petite question : Avez-vous, oui ou non, oublié de mettre un point d'admiration ou de stupéfaction, comme vous voudrez, à la fin de cette note ? Si *oui*, vous avez voulu railler ; si *non*, je vous en conjure, Monsieur, ne faites plus jamais ni note, ni Notice. Vos neveux vous le pardonneront.

Laissez-moi vous dire encore que vous êtes au moins malheureux dans le compte rendu du 3 octobre 1850. Est-il décent, quand on occupe la position de M. Henry, de nous représenter « quatre-vingt-trois prêtres et beaucoup de notables », devenant, au sortir de table, « la *proie* d'un enthousiasme religieux ? » Et que vient faire ici « l'éclat d'un tambour » en blouse, et « l'éclat aussi de gardes nationaux » coiffés de casques à mèche? Auriez-vous eu l'intention de jeter du ridicule sur cette cérémonie ? Je ne le pense pas ; et voilà pourquoi je vous donne le conseil de lire un peu plus et d'écrire beaucoup moins.

Mais venons à quelque chose de plus sérieux, et laissez-moi vous citer encore, afin de mettre de nouveau sous vos yeux des *assertions* que vous regretterez, je le pense, et que vous allez rétracter, j'aime à le croire. « Comme le P. « Muard n'avait pas compté avec les forces de la nature « humaine , il crut avoir trouvé une Règle qui avait « échappé à tous les fondateurs d'Ordre. » Êtes-vous bien sûr, Monsieur, que Dieu, qui devait connaître les forces de la nature humaine, donna aux premiers hommes une nourriture plus substantielle et plus abondante que celle que le P. Muard donnait à ses enfants? Êtes-vous bien sûr que cette règle avait échappé à tous les fondateurs d'Ordre ? Voudriez-vous nous dire quel était le menu des repas du désert, des Pères de la Thébaïde, des Antonin, des

Hilarion, des Paul, des Jérôme…. Lisez donc, avant d'é-
crire, lisez la règle des Cisterciens, et même la règle pri-
mitive d'Aiguebelle dont vous prononcez le nom au hasard.
« Il fit deux voyages à Rome pour la (*sa règle*) faire ap-
« prouver, vit le nonce à Paris, comme il avait vu le Pape
« au Vatican. On lui répondit partout, avec cette pru-
« dence qui caractérise le Saint-Siége, que son institution
« ne serait approuvée que lorsqu'elle aurait acquis la
« sanction du temps, c'est-à-dire qu'il aurait prouvé que
« sa règle pourrait être observée. » Ce qui veut dire, si je
vous comprends bien, que le Saint-Siége n'aurait pas été
prudent, s'il avait approuvé la règle du P. Muard. C'est là
parler avec une autorité qui n'appartient qu'au Saint-Siége
lui-même. Nous disons, nous, que le Saint-Siége a été
prudent dans les réponses qu'il a faites au R. P. Muard ;
qu'il aurait été prudent, si les réponses avaient été plus
favorables : nous disons, et hautement, que le Saint-Siége
est toujours prudent, et que vous ne l'êtes guère, vous,
Monsieur, en affirmant que la sévérité de la règle fut la
cause de la temporisation. Vous devriez savoir qu'aujour-
d'hui le Saint-Siége n'approuve que très-difficilement de
nouvelles institutions, à moins, cependant, que ces institutions ne consentent à s'affilier à celles qui existent déjà.
Vous devriez savoir, vous, le dépositaire par excellence des
secrets du P. Muard, que le Saint-Siége, avant de donner
une réponse, voulut consulter quelques évêques. Or, sa-
vez-vous quelle fut leur réponse ? Voici celle de Mgr Du-
fêtre : « Je crois que la vie de missionnaire ne peut que
« difficilement s'allier avec la frugalité de cette règle ».
D'où il suit que le Saint-Siége voulait attendre, non pour
savoir si la règle pouvait être observée, l'expérience était

faite depuis longtemps, mais pour s'assurer que le régime alimentaire ne nuisait pas à l'apostolat. Voilà ce que vous devriez savoir. Mais vous écrivez tant, et vous lisez si peu ! « Il fit deux voyages à Rome, vit le nonce à Paris... » Voudriez-vous faire croire que le P. Muard avait l'intention de tromper la Cour romaine et d'obtenir, par la ruse, une approbation ? Ah ! je n'ai pas la force de m'arrêter à cette pensée, et j'aime mieux croire que vous avez voulu (et n'est-ce pas beaucoup trop déjà ?) signaler de l'opiniâtreté là où il n'y avait que la confiance et la constance énergiques des saints.

Lorsque François d'Assise se présenta devant le pape Innocent III, pour faire approuver sa règle, il fut repoussé, mais non découragé. A la seconde audience, on lui dit que sa règle était une sorte de *nouveauté au-dessus des forces humaines, et que le Saint-Siége ne pourrait l'approuver que lorsqu'elle aurait acquis la sanction du temps.* Nous pensons, comme vous, Monsieur, que le pape Innocent III se montrait prudent alors ; mais nous croyons aussi que le même Pontife était prudent et sage quand, à la troisième audience, il approuvait la règle de François qui, sans aucun doute, se serait présenté de nouveau si on avait jugé convenable de lui donner encore une réponse défavorable. Évidemment, à votre sens, le séraphique Patriarche d'Assise était un homme opiniâtre ; mais voudriez-vous nous dire si le Saint-Siége manqua de prudence en approuvant la règle des Frères Mineurs ? Lisez, Monsieur, lisez saint Bonaventure. Hélas ! vous préférez écrire. Continuons : « Le R. « P., *toujours* absent de son monastère, et dont les ali- « ments étaient mieux préparés qu'à la communauté, sen- « tit néanmoins son fort tempérament s'affaiblir. » Il faut être **M.** Henry pour dire, en si peu de mots, des choses in-exactes, contradictoires et ridicules. Et d'abord, il est faux que le **P.** Muard fût toujours absent de son monastère. Ce mot *toujours* laissez-moi vous le dire, respire une espèce de satisfaction haineuse qui fait mal au cœur. Il est également faux que ses aliments fussent mieux préparés au dehors, qu'ils ne l'étaient au monastère. Pour être dans le vrai, c'est le contraire qu'il faudrait affirmer. Cent fois, les **RR. PP.** ont répété qu'on ne savait pas, dans les presbytères, préparer les *légumes au sel*. Et puis, voudriez-vous nous dire pourquoi les légumes du monastère ne vaudraient pas les légumes de Saint-Leger, de Saint-Fargeau, des Places et même de Quarré-les-Tombes ? La différence viendrait-elle du feu, de l'eau, du sel, du cuisinier ? Il y a, dans les monastères, des hommes qui s'occupent exclusivement de la cuisine durant dix, quinze, vingt ans et plus, avec ordre, remarquez-le bien, de faire de leur mieux. Et vous voudriez que votre ménagère pût, dès le premier jour, égaler, dépasser les religieux dans l'*art* de faire cuire et de saler des légumes ? Car, il ne s'agit ici ni de beurre, ni d'huile, ni de graisse, dont la quantité pourrait changer la qualité des aliments. Avouez donc que, dans ce cas, comme dans beaucoup d'autres, le désir, au moins étrange, de nuire à la cause du **P.** Muard, vous a mis un bandeau sur les yeux. Vous aurez beau faire, vous ne réussirez jamais à vous parer à la fois et des plumes du paon et du *glou-glou* de l'oiseau couleur d'ardoise. Vous pourrez conserver le chant du premier, vous n'aurez toujours que la plume du second. Mais voici quelque chose de plus fort. Malgré « les aliments mieux préparés » dont se nourrit *toujours* le **P.** Muard, son fort tempérament s'affaiblit, tandis que les

frères qui ne goûtent jamais « aux aliments mieux préparés » , puisqu'ils ne quittent pas le monastère, jouissent d'une
santé à rendre jaloux, non pas M. Henry (il ne sait pas ce
que c'est que la jalousie), mais les plus robustes Morvan-
deaux. Que pensez-vous de cette légère contradiction, et
qu'en diront vos neveux ?

Il faut donc chercher ailleurs que dans le régime de la communauté l'affaiblissement rapide et la fin prématurée du
saint Fondateur de Ste-Marie de la Pierre-qui-Vire. Les
mortifications qu'il s'imposait, sans vous en donner avis, n'y
seraient-elles pas pour quelque chose ? les travaux incessants
des missions, pour beaucoup ? et la volonté de Dieu, pour
davantage encore ? Mais que dire de la phrase suivante ? « Son
« talent oratoire avait baissé, CAR il avouait lui-même que
« son régime altérait les facultés de l'esprit. » *Car...* il vous
serait difficile de prouver cette assertion, et vous ferez longtemps *glou-glou* avant de démontrer qu'un aveu puisse faire
baisser un talent oratoire. « Il prêcha une mission à Saint-
« Fargeau, d'où il revint avec un teint jaune. » S'il était
resté au monastère, les aliments « moins bien préparés » lui
auraient sans doute conservé un teint ordinaire. Et puis, ne
connaissez-vous pas des personnes qui se nourrissent de
mets succulents et qui cependant « reviennent », s'en vont
ou demeurent avec un teint jaune ? « Il dit à (M.) Joseph
« Lavancy, curé de St-Leger : Je me mettrai à l'adoucis-
« sement..... J'ai attendu trop tard. » Je veux bien, Monsieur, ne pas révoquer en doute cette parole, car elle me
parait très-naturelle ; toutefois, laissez-moi vous dire que,
lorsque vous vous appuyez, c'est toujours sur les défunts.
Et puis, que voulez vous conclure, de cette parole, contre
la règle et l'ancien régime de Ste-Marie de la Pierre-qui-

Vire? Est-ce que, partout et toujours, il n'y eut pas des malades, et toujours et partout ne les mit-on pas à *l'adoucissement*? Mais, vous-même, Monsieur Henry, malgré votre nourriture saine et abondante, ne tombez-vous pas quelquefois malade, et alors ne vous mettez-vous pas à l'adoucissement comme le P. Muard, avec cette différence cependant que vous n'attendez pas trop tard, à la grande satisfaction de vos neveux ?

Je transcrirai, sans aucun commentaire, vos dernières lignes sur le P. Muard. Elles m'ont d'abord surpris au point que j'ai dû les revoir plusieurs fois pour m'assurer que je lisais bien ; elles m'ont ensuite comme anéanti, et enfin elles m'ont arraché de nombreuses larmes.

« Les circonstances détaillées de sa mort, rapportées par
« son historien, sont exagérées (M. Brullée serait-il mort?)
« Il a également dépassé la vérité en préconisant, dans sa
« personne, l'idéal de la perfection religieuse et sacerdo-
« tale ; les prêtres qui ont possédé le R. P. dans leur pres-
« bytère des mois entiers, ne l'ont pas reconnu dans le
« portrait extraordinaire qu'en a tracé son biographe. »

O père si bon, ô père si vénéré, vous pardonnerez à l'enfant qui, plusieurs fois, versa dans votre sein le trop plein de son cœur, d'avoir transcrit ces mensonges infâmes. Vous le voyez, ma main tremble, mon front se couvre de rougeur, mon cœur se soulève et des larmes amères obscurcissent ma vue. Comme moi, *tous* ceux qui vous ont connu, protestent contre ces calomnies par leur indignation, leurs larmes et leur empressement à venir s'agenouiller au pied de votre tombeau. Les prêtres que vous avez édifiés, les fidèles que vous avez évangélisés, les peuples que vous avez convertis, tous les habitants de nos montagnes se pressent à l'envi autour de vos restes précieux, qu'ils espèrent voir bientôt placés sur nos autels.... Un jour, ô père vénéré, nous l'espérons et nous le demandons à Dieu dans toute la ferveur de notre âme, un jour, *lui* aussi, il viendra se jeter au pied de votre tombeau et, les mains jointes, les joues inondées de larmes, le front dans la poussière, il vous dira : Saint Jean-Baptiste du Cœur de Jésus, pardonnez, et priez pour moi !

III

Il me tarde, Monsieur, de mettre fin à cette trop longue lettre. Laissez-moi vous dire encore cependant qu'il n'est pas, même dans la presse la plus mauvaise, un écrivain qui osât, comme vous, faire savoir à une paroisse que, sur dix prêtres qui l'ont administrée depuis 1803, pas un seul ne mérite un mot d'éloge, et que huit sur dix furent des hommes tarés. Relisez-vous, Monsieur, et dites-nous s'il est possible qu'un curé puisse désormais gagner la confiance et l'estime des habitants de Saint-Leger.

M. Bellouet *oublie la sainteté de ses devoirs.*

M. Chaussard termine *sa vie agitée.*

M. Brotier *avait oublié ses engagements sacrés.*

M. Huguin doit reprendre le chemin de Besançon.

M. Lachise est obligé, *à cause de ses extravagances,* de quitter le diocèse.

M. Basset est un jeune fou qui laisse les enfants de la première communion et la messe du lundi de la Pentecôte pour courir à Saint-Aignan et à Saint-Brisson d'où il rapporte la maladie qui va le conduire au tombeau.

M. Mourey est un intrigant et un révolté.

M Plé *est doué d'une voix de stentor.* On dirait vraiment que vous avez le droit d'être difficile sur ce point. Comment jugeriez-vous mon procédé si, dans une Notice sur Quarré, je me permettais de dire : M. V.-B. Henry écrivait beaucoup ; il écrivait fort mal ; il ne parlait jamais en *public ; il jalousait* tout le monde, et *il avait une voix de chauve-souris ?* Mais vous avez d'autres griefs contre M. Plé : *son inclination pour les liqueurs fortes,* dites-vous, *obligea ses supérieurs à le renvoyer,*

M. Lavancy, ce prêtre modèle auquel vous avez bien fait d'épargner vos éloges, et M. Legast, qui est de taille à se défendre, sont les seuls que vous n'avez pas osé flétrir dans votre hideux pamphlet.

Résumons, en deux mots, Monsieur, car je n'ai pas le courage d'insister.

Vous avez voulu jeter la déconsidération sur tous ceux qui ont concouru à la fondation de Sainte-Marie de la Pierre-qui-Vire : — Jalousie.

Vous avez vanté des services que vous n'avez jamais rendus, ou qui étaient insignifiants : — Fatuité.

Vous avez voulu faire passer le R. P. Muard pour un homme au moins opiniâtre, et vous n'avez pas craint de nous le représenter condamnant lui-même sa règle, et se laissant aller au relâchement : — Calomnie, calomnie infâme !

Vous avez traîné dans la boue le saint habit de dix pasteurs, en présence de leurs ouailles : — Scandale, horrible scandale !

Que reste-t-il donc à faire? A vous repentir, Monsieur, et à prendre la résolution de ne plus écrire désormais.

C'est dans l'espoir que telles vont être vos intentions, que je demeure,

Monsieur,

Votre très-humble et très-obéissant serviteur,

***

Ancien curé du Morvand.

Arras. — Typ. Rousseau-Leroy.

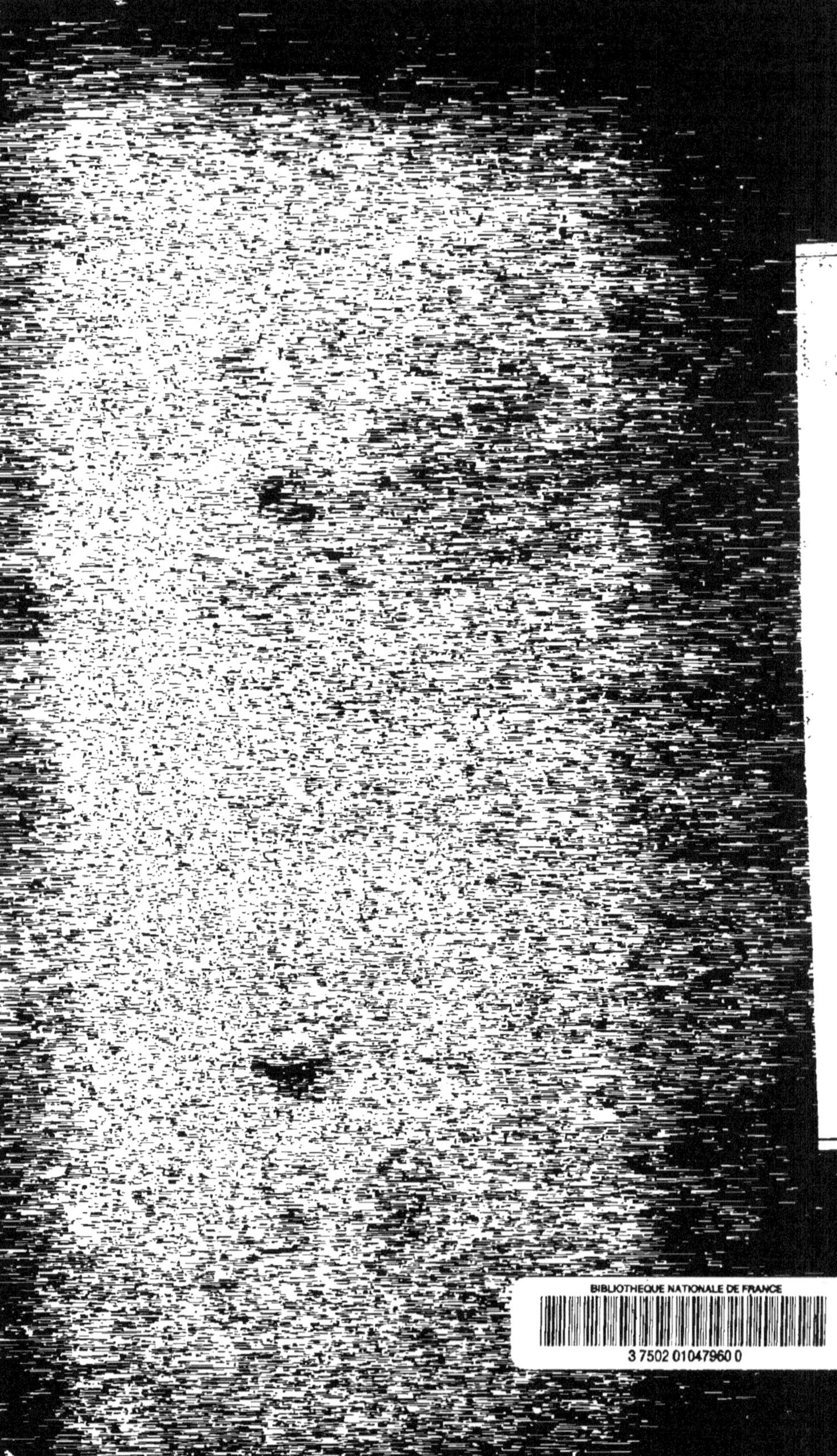

www.ingramcontent.com/pod-product-compliance
Lightning Source LLC
Chambersburg PA
CBHW051359050726
47595CB00006B/2628